AF494584

GUSTAVE LABAT

MEMBRE DE L'ACADÉMIE DES SCIENCES, BELLES-LETTRES ET ARTS DE BORDEAUX
CORRESPONDANT DU MINISTÈRE DE L'INSTRUCTION PUBLIQUE, ETC.

# Une Visite au Musée de la Marine

BORDEAUX
IMPRIMERIE G. GOUNOUILHOU
9-11, RUE GUIRAUDE, 9-11

1908

# Une Visite au Musée de la Marine

TIRÉ A 25 EXEMPLAIRES

Numérotés et paraphés de 1 à 25

GUSTAVE LABAT

MEMBRE DE L'ACADÉMIE DES SCIENCES, BELLES-LETTRES ET ARTS DE BORDEAUX
CORRESPONDANT DU MINISTÈRE DE L'INSTRUCTION PUBLIQUE, ETC.

# Une Visite au Musée de la Marine

BORDEAUX
IMPRIMERIE G. GOUNOUILHOU
9-11, RUE GUIRAUDE, 9-11
—
1908

# Une Visite
## au
# Musée de la Marine

Depuis que je suis à Paris, je vais fréquemment au Louvre passer quelques bonnes heures au riche et instructif Musée de la Marine et réjouir mes yeux de la vue des deux tableaux du *Port de Bordeaux au* XVIII$^{e}$ *siècle*, si habilement peints et si spirituellement et fidèlement rendus par Joseph Vernet.

Il y a une vingtaine d'années environ, ces deux tableaux et les treize autres toiles qui forment avec eux la précieuse collection des ports de France étaient réunis au premier étage du palais, dans un salon spécial qu'ils occupaient seuls, à la suite de la salle Lacaze, où l'on avait eu l'heureuse inspiration de placer sur une colonne tronquée le buste du célèbre artiste, leur auteur.

Aujourd'hui, dans un remaniement des tableaux de notre premier musée national, ces quinze toiles ont été enlevées et mises deux par deux, l'une au-dessus de l'autre, dans les salles du Musée de la Marine, au deuxième étage du Louvre; mal éclairées et confondues avec d'autres tableaux, elles sont de plus cachées en partie par les modèles de navires, petits chefs-d'œuvre de jour en jour plus nombreux, des marines contemporaine et rétrospective, qui remplissent ces salles insuffisantes.

C'est on ne peut plus fâcheux. On va, dit-on, remédier à cet état de choses et transporter à l'Hôtel des Invalides le musée de la Marine, trop à l'étroit au Louvre; sans doute les tableaux de Joseph Vernet suivront; alors, plus honorablement placés, ils jouiront dans les vastes salles de l'Hôtel d'un recul suffisant, qui permettra de voir et d'apprécier leurs belles et intéressantes compositions; j'appelle de tous mes vœux cet indispensable changement.

## I

Claude-Joseph Vernet, né à Avignon (alors États du Pape) le 14 août 1714, était le second des vingt-deux enfants d'Antoine Vernet, peintre décorateur de cette ville. Son berceau fut un atelier de peinture et ses premiers jouets une palette et des pinceaux; à quinze ans il peignait déjà des dessus de portes, des écrans et des panneaux de chaises à porteurs; sa facilité de composition et d'exécution était très grande pour son âge; aussi son père le confia-t-il à un ami qu'il avait à Aix, le peintre Jacques Vialé, en renom dans cette petite capitale de la Provence. Joseph Vernet travailla quelques années dans son atelier, puis conseillé et aidé par deux puissants protecteurs d'Avignon, le marquis de Caumont et le comte de Quinson, il partit pour Rome. Il avait dix-huit ans.

En se rendant à Marseille, où il devait s'embarquer, il aperçut la mer du haut de la montagne appelée la Viste; l'émotion qu'il ressentit l'enthousiasma jusqu'au délire. Ce fut la révélation de sa vocation; désormais sa voie était tracée.

A Rome, il entra dans l'atelier du peintre de marine Bernardo Forgioni, qu'il devait bientôt surpasser; il travailla ensuite avec Adrien Manglard, un Lyonnais, autre peintre de marine; l'influence de cet artiste fut des plus heureuses pour le développement du talent du jeune peintre.

La réputation d'un artiste de mérite se fait vite dans la Ville Éternelle, pour peu qu'une Éminence veuille bien s'en mêler; c'est ce qui arriva pour le jeune Vernet; aussi, au bout de plusieurs années, était-il remarqué par les nombreux et riches Français et étrangers qui visitent la capitale du monde chrétien. Le frère de la marquise de Pompadour, M. de Vandières, le futur ordonnateur des beaux-arts, le vit dans le voyage qu'il fit en Italie en compagnie de Soufflot (1), Cochin (2) et l'abbé Le Blanc, et Joseph Vernet fut bientôt connu à Paris, qu'il n'avait jamais vu et où on le prenait même pour un peintre italien.

Ce n'est qu'en 1747 et 1748 qu'il exposa aux Salons parisiens, la première fois deux tableaux et la seconde quatre. Tout naturellement, la critique, envieuse et jalouse, tenta de rabaisser la valeur de l'artiste; mais celui-ci trouva d'ardents défenseurs dans l'abbé Le Blanc, Nicolas Cochin et Diderot. Le séjour de Vernet à Rome fut une des plus brillantes périodes de sa vie; mais il voulait revoir la France et sa famille; en 1751, il fit deux voyages à Marseille, et se fixa définitivement dans cette ville l'année suivante, 1752. Il y peignit bon nombre de tableaux, entre autres deux de ses plus beaux, *la Tempête* et *les Baigneuses*, pour un amateur marseillais, M. Poulhariez; œuvres remarquables que devait vulgariser plus tard le burin du graveur Balechou.

(1) Soufflot (Jacques-Germain), né à Draney en 1709, mort à Paris en 1780. Après ses études classiques, il alla à Rome où, grâce au duc de Saint-Aignan, ambassadeur de France, il obtint le titre de pensionnaire; il visita ensuite la Grèce; en 1750, il retourna à Rome avec M. de Vandières. En 1758, il concourut pour la construction de l'église Sainte-Geneviève (le Panthéon); ses plans ayant été adoptés, il commença immédiatement les travaux de ce monument, qui immortalise son nom.

(2) Cochin, voir plus loin sa note.

## II

C'est en 1753 qu'appelé à Paris par M. le marquis de Marigny (l'ancien chevalier de Vandières, qui avait succédé à M. de Tournehem comme ordonnateur général des bâtiments du roi), Joseph Vernet reçut l'importante et délicate mission, à laquelle la marquise de Pompadour, alors toute-puissante dans l'esprit de Louis XV, n'était certainement pas étrangère, de reproduire de son pinceau les principaux ports du royaume, collection unique, véritable monument dans l'histoire de l'art au XVIII$^{e}$ siècle.

Vernet se mit aussitôt à l'œuvre; un peu plus de quatre années lui avaient suffi pour peindre *Antibes*, les trois vues de *Toulon*, les deux de *Marseille*, *la Madrague ou la Pêche du thon* et le *Port de Cette*, superbes toiles qui attestaient déjà la réussite de la précieuse collection et ajoutaient à la réputation de l'artiste, quand, le 17 mai 1757, Vernet arriva à Bordeaux, qu'il devait quitter seulement en juillet 1759 pour aller à Bayonne.

Pendant les deux années de son séjour dans notre ville, il peignit les deux beaux tableaux qui nous occupent.

L'itinéraire imposé au peintre par le frère de la marquise de Pompadour demandait deux tableaux pour Bordeaux, l'un reproduisant avec la ville *la prodigieuse quantité de bâtiments* de toute espèce et de toute nature qui viennent y chercher nos vins; l'autre, l'entrée de la rivière, caractérisée par la tour de Cordouan; « si l'on n'établit pas une mer orageuse (ajoutait l'itinéraire), il conviendra d'y comprendre un grand nombre de bateaux pêcheurs. »

Que s'est-il donc passé? Vernet aurait-il reculé devant l'étude à faire de notre mer de Gascogne, autrement farouche et sombre, avec les immenses dunes et les rochers qui la bordent, que la Méditerranée, comme semble le penser M. Léon Lagrange, l'historiographe consciencieux des Vernet [1]? Est-ce plutôt fatigue de l'artiste, surmené par un travail continu de plusieurs années? Ne serait-ce pas, enfin, une autre cause qui pourrait bien, à la réflexion, être la vraie : celle des hauts prix dont on couvrait ses moindres toiles, alors que tenu par ses engagements avec le marquis de Marigny il était contraint de peindre pour une somme relativement minime les grandes compositions des ports, qui ont immortalisé son nom? Nul ne le sait. On remarquera, toutefois, que Vernet ne se plaignit pas quand, après ses vues de La Rochelle et de Dieppe, la pénurie des finances du royaume lui permit de gagner Paris et de rompre ainsi sans bruit les conditions arrêtées [2].

Dans tous les cas, Vernet, pour Bordeaux, en fit complètement à sa tête au sujet de l'itinéraire fixé, comme il avait du reste déjà fait pour Cette.

La tour de Cordouan, ce chef-d'œuvre de la Renaissance, dont l'architecture élégante offrait une si grande opposition avec l'austère situation qu'elle occupe sur son rocher et prêtait ainsi à l'imagination de l'artiste, ne trouva pas grâce devant lui; elle le menait trop loin de Bordeaux; et quant aux bateaux pêcheurs larges et ventrus, si différents, mais plus marins, que les gracieuses balancelles aux voiles triangulaires de la Méditerranée, il les trouva vulgaires. Bref, il changea l'itinéraire du marquis de Marigny et ne quitta pas Bordeaux.

Il se plaça, pour le premier tableau, au Château-Trompette en regardant la Bourse, l'Hôtel des Fermes et les quais, et, pour la seconde vue, sur ces mêmes quais, ayant en perspective le Château-Trompette; en somme, la même vue des deux points extrêmes. Mais comme l'habile artiste a su se servir dans le premier tableau du vieux fort de

(1) *Les Vernet. Joseph Vernet et la peinture au* XVIIIe *siècle*, par Léon Lagrange. Paris, librairie académique Didier et Cie, libraires-éditeurs, 35, quai des Augustins, 1864.

(2) La collection devait comprendre vingt tableaux.

Vauban et dans le second de l'harmonieuse architecture des Gabriel ! Que d'esprit dépensé dans le groupement des navires dispersés dans le port, quelle correction de dessin : jusqu'à ce bateau du haut pays et son immense gouvernail que semblent regarder les soldats à l'habit blanc et bleu placés si heureusement sur le parapet du fort !

Parler des qualités exceptionnelles de la peinture de Vernet, de sa couleur brillante, de ses ciels lumineux et légers, de ses eaux limpides, serait un peu tard de nos jours; il est indiscutable que le temps, ce grand maître qui ne respecte rien, a passé l'estompe sur le coloris tant vanté par Diderot et les critiques contemporains du célèbre artiste, il y a un siècle et demi; mais la composition, je le répète, le dessin impeccable nous restent; ils suffisent pour arrêter avec le plus vif intérêt l'œil des connaisseurs sérieux.

Que dire maintenant des personnages qui animent les deux vues de Bordeaux, comme de ceux souvent très nombreux des treize autres tableaux des ports, sinon que gentilshommes, officiers, grandes dames, soldats, matelots, hommes et femmes du peuple, paysans, galériens, etc., etc., qu'on y rencontre, sont bien la représentation la plus complète, prise sur nature, des divers types de la société au XVIII^e^ siècle? Tout ce monde vit et s'agite, car seul Vernet a su peindre la foule avec ses costumes disparates et originaux.

## III

Les deux tableaux de Bordeaux ont été gravés, ainsi que les treize autres de la collection des ports; ce furent deux artistes de beaucoup de talent, Nicolas Cochin fils [1] et

[1] Cochin fils (Charles-Nicolas), appelé aussi Cochin II, le plus fameux de cette famille de graveurs habiles : Nicocal Cochin le Vieux (1610-1688); Charles-Nicolas Cochin père ou Cochin I (1688-1754); enfin, Charles-Nicolas Cochin II (1715-1790). L'œuvre de ce dernier

Philippe Le Bas [1] qui entreprirent, dès 1753, ce travail difficile et délicat, qui vint encore augmenter le succès des tableaux des ports de France et la réputation de Joseph Vernet.

Diderot fit un assez mauvais accueil aux premières planches des ports; lors de leur apparition, il écrivait dans le *Salon de 1763 :* « Le Bas et Cochin gravent ensemble les ports de mer de Vernet; mais Le Bas est un libertin qui ne demande que de l'argent et Cochin est un homme de bonne compagnie qui fait des plaisanteries, des soupers agréables et qui néglige son talent. Il y a, ajoute-t-il, il y a à Avignon un certain Balechou, assez mauvais sujet, qui court la même carrière et qui les écrase. »

Le savant critique juge sûrement de parti pris; Balechou était un grand artiste, mais avec son exécution magistrale, il eût, c'est indéniable, négligé pour l'effet bien des détails qui sont le charme des tableaux de Vernet et que les graveurs des ports ont fidèlement interprétés.

Les deux estampes de Bordeaux parurent en 1764; il en existe quatre états : le premier, à l'eau-forte pure de Nicolas Cochin; on en voit à Bordeaux une épreuve dans le cabinet de l'Archiviste municipal; le second, non terminé, est du même avec quelques menus travaux de Le Bas; le troisième, terminé avant la lettre, des deux graveurs; et le quatrième, enfin, avec la lettre énumérant les titres

se compose d'environ quinze cents pièces gravées par lui ou d'après ses dessins :

*Les cérémonies et les pompes funèbres de la cour sous Louis XV; les Quinze ports de France;* le dessin du seizième (*Le Havre de Grâce*) qu'a gravé Ph. Le Bas; les portraits des contemporains célèbres, etc., etc. Cochin fils a fait aussi de bons écrits : *Observations sur les antiquités d'Herculanum;* un *Voyage en Italie*, où il accompagna M. de Vandières, frère de la marquise de Pompadour; enfin de bonnes critiques d'art.

[1] Le Bas (Jacques-Philippe), né à Paris le 8 juillet 1707, sur la paroisse de Saint-Barthélemy en la Cité; il était fils unique d'un perruquier de cette ville et de Françoise-Étiennette Le Cocq; il est mort à Paris en août 1782. Il obtint le titre de graveur du Roy; il eut pour élève Charles-Nicolas Cochin fils, dont la note précède celle-ci, et Gaucher. Son œuvre est considérable.

du marquis de Marigny. Comme les cuivres de ces deux planches existent à la chalcographie du Louvre, il est important de rechercher les épreuves anciennes de ce quatrième état, car les marchands parisiens ne se font pas scrupule de lancer de temps à autre dans la circulation quelques épreuves nouvelles de ces planches usées et fatiguées.

Philippe Le Bas avait compris l'intérêt que présenterait une réunion de ces personnages, dont nous parlons plus haut, qu'on trouve en nombre dans les tableaux des ports: aussi entreprit-il une suite d'estampes représentant en groupes séparés quelques-unes des figures des vues de Marseille, Bordeaux, Bayonne et La Rochelle. C'était une idée heureuse, mais qu'il ne sut pas mener à bonne fin; il commit, en commençant, la grande faute de se passer de Cochin, dont l'impeccable burin lui fait absolument défaut; on voit facilement à l'incorrection du dessin qu'on s'est plus préoccupé de commerce que d'art.

Les planches de cette suite sont au nombre de douze; cinq sont tirées des deux tableaux de Bordeaux : La *Promenade du matin* et la *Promenade du soir*, de la toile des Salinières, et l'*Officier en promenade du matin*, la *Promenade de l'après-midi* et les *Jardinières* de celle du Château-Trompette.

Les sept autres planches du recueil sont empruntées :

Trois aux deux vues de Marseille : *Dame et marchand du Levant*, *L'agréable société*, *le Retour du marché*.

Trois aux deux tableaux de Bayonne : *le Matelot*, *le Marchand*, *la Promenade*.

Un à la vue de La Rochelle : *la Conversation*.

Le dépôt des estampes de la Bibliothèque nationale possède en bel état ces douze planches; mais par une erreur inexplicable, onze figurent dans l'œuvre de Le Bas et la douzième dans le carton, in-folio, des estampes de Joseph Vernet. (D. C. n° 3, reliure rouge.) Cette douzième pièce est *la Promenade*, tirée des vues de Bayonne.

## IV

Les deux tableaux de Joseph Vernet rappellent bien le moment du XVIIIe siècle où le grand commerce de notre ville était à son apogée ; rien d'exagéré dans cette « *prodigieuse quantité de bâtiments* de toute espèce et de toute nature qui viennent y chercher nos vins » dont parle l'itinéraire de 1753 du marquis de Marigny ; quatre-vingts ans plus tôt, les deux aimables et spirituels voyageurs Lhuillier Chapelle et Le Coignieux de Bachaumont n'avaient-ils pas été frappés du mouvement extraordinaire de notre port quand ils écrivaient :

. . . . . . . . . . . . . . . . . .
Et vîmes au milieu des eaux
Devant nous paroître Bordeaux,
Dont le port en croissant resserre
Plus de barques et plus de vaisseaux
Qu'aucun autre port de la terre (1).

Et les bateliers de la rivière ne chantaient-ils pas en arrivant à Bordeaux ce couplet bien significatif :

. . . . . . . . . . .
Déjà de M. Sage (2)
J'entends les tonneliers,
Bacalan ton rivage
Se couvre d'ateliers ;
Mille vaisseaux au large,
Sous divers pavillons,
Viennent prendre leur charge
De nos vins des Chartrons.

Nos vins, nos vins, toujours nos vins !

Je dois à l'obligeance de notre aimable et érudit confrère M. R. Céleste, conservateur de la Bibliothèque de la ville de Bordeaux, la communication d'une lettre écrite le

(1) *Voyage de MM. François Le Coignieux de Bachaumont et Cl.-Emman. Lhuillier Chapelle*. La Haye, M.D.CC.XXXII.

(2) Pour *Saige:* famille distinguée dont un membre fut maire de Bordeaux en 1791 et fut victime de la Révolution le 23 octobre 1793.

25 novembre 1758 par le poète Rulhière ([1]), attaché à la personne du maréchal de Richelieu, à Fréron, le célèbre critique, qui est bien dans l'esprit du temps.

Mme la comtesse d'Egmont, fille du maréchal, ayant manifesté le désir de connaître en détail les différentes parties d'un vaisseau, un riche négociant de Bordeaux, M. La Fore ([2]), saisit cette occasion de donner une fête au gouverneur de la province; il choisit à cet effet la veille du départ d'un navire russe de cinq cents tonneaux, chargé de vin et d'eau-de-vie; le maréchal de Richelieu, la duchesse d'Aiguillon et Mme la duchesse d'Egmont assistèrent à cette fête.

M. La Fore vint prendre cette belle société dans un brigantin, dont la chambre était superbement ornée et dont les vingt rameurs, vêtus de rouge et couverts d'argent, tenaient hautes et prêtes à tomber leurs rames peintes et décorées aux armes du maréchal.

Le consul de Suède, à qui le navire était adressé, en fit les honneurs; les dames de la ville vinrent à bord; il y eut bal, collation et concert, et en se retirant à l'hôtel du gouvernement la comtesse d'Egmont dansa dans quelques maisons privilégiées où elle fut admirée et applaudie.

([1]) Rulhière (Claude-Carloman de), historien et poète, né à Bondy, près Paris, en 1735, mort à Paris en 1791. Il servit dans les gendarmes de la Garde et fut aide de camp du maréchal de Richelieu pendant deux ans et noua d'excellentes relations avec la comtesse d'Egmont, sa fille; il entra à l'Académie française en 1787.

([2]) M. La Fore était directeur du commerce de Guyenne en 1749. Son nom figure sur la plaque de marbre de la Bourse avec celui de Beaujon.

La Société des Bibliophiles de Guyenne, fondée en 1866 par le savant Jules Delpit et quelques-uns de ses condisciples et amis, a publié dans le Ier volume des *Mélanges* la relation par Rulhière d'un voyage du maréchal duc de Richelieu à Bayonne, annoté par notre érudit confrère M. R. Céleste. Ce voyage est des plus intéressants et va de pair avec la visite au navire russe de la comtesse d'Egmont. Les publications de la Société sont, du reste, du plus haut intérêt; elles comprennent notamment les œuvres inédites de Montesquieu. Le président de cette réunion de travailleurs est M. Louis de Bordes de Fortage, secrétaire général de l'Académie des Sciences, Belles-Lettres et Arts de Bordeaux, et l'un des bibliophiles les plus connus et les plus distingués du Sud-Ouest.

Le peuple prit part à la fête et dansa, lui aussi, sous l'ormeau de la bonne duchesse (1) jusqu'au moment où

> Les premiers rayons de l'aurore
> Trouvèrent tout le monde encore;
> Et l'on fut se coucher, enfin,
> Sur les six heures du matin.

Le navire appareille et part en saluant la ville de ses canons.

Quel joli sujet, bien digne du pinceau du célèbre artiste des ports !

Hélas ! nous sommes loin de ce temps de prospérité; depuis déjà plus d'un siècle la perte de Saint-Domingue, qui était un grand débouché pour notre commerce maritime, puis les jours néfastes de la Révolution française et les guerres de l'Empire ont porté un coup funeste à Bordeaux. Aussi Henri Martin, le grand historien, a-t-il pu dire en 1831, avec un semblant de vérité :

« Les superbes édifices dont le XVIII$^e$ siècle a peuplé la fastueuse Bordeaux, aujourd'hui si déchue, attestent assez quelle fut la vie active et brillante de ses jours de prospérité. »

Jugement bien sévère, mais dont les efforts constants et les sacrifices sans nombre de notre Chambre de commerce ont de beaucoup depuis atténué l'importance.

On sait par le journal de Vernet qu'il habita dans notre ville la maison de M. Pitard (2) et qu'il acheta même du vin et du bois à son propriétaire, qui devait sans nul doute aussi posséder un domaine rural dans les environs de Bordeaux; il payait par trimestre quatre cent cinquante livres, et la barrique de vin de deux cents bouteilles, cent livres.

(1) La duchesse d'Aiguillon. — L'ormeau, plusieurs fois centenaire et très vert encore, a été abattu lors de l'élargissement des quais; il était en face du n° 131 du quai des Chartrons, après la rue Denise.

(2) Ce M. Pitard (Jean-Baptiste), négociant, avait été reçu bourgeois de Bordeaux le 10 juillet 1719 et habitait paroisse Saint-Rémy, fossés du Chapeau-Rouge, la maison qui porte le numéro 22.

C'est pendant le séjour de Joseph Vernet à Bordeaux que naquit, le 14 août 1758, à quarante-quatre ans, jour pour jour, de la naissance du peintre des ports, son fils Carle, qui devait continuer l'illustration de la famille [1].

1758, année heureuse pour Vernet, mais bien cruelle pour la France; le ministre de la marine d'alors, Berryer, ancien lieutenant de police, qui passait pour avoir été un pourvoyeur du Parc aux Cerfs, complètement démoralisé à la suite de la funeste guerre de Sept ans, vendit nos vaisseaux au commerce et les approvisionnements de nos arsenaux qui leur étaient destinés! Un moment la France se trouva sans marine!!

On cite, à ce sujet, un mot de Louis XV, qu'il serait désirable pour lui que l'histoire n'eût pas retenu; s'adressant au peintre Quentin de Latour, devant lequel le roi posait pour son portrait, il prononça ces paroles : « Il n'y a plus de marine en France que celle de Vernet... » Certes, c'était un grand compliment pour l'artiste, cet aveu sorti d'une bouche royale, mais d'une indifférence bien honteuse pour son auteur!

. . . . . . . . . . . . . . . . . . . . . . . .

Il y a trois périodes bien distinctes dans la vie du célèbre peintre : la première est celle de son séjour en Italie, de 1732 à 1751-52; la seconde, les Ports, qui va de 1753 à 1762; et enfin la troisième, la Parisienne, de 1762 à 1789, année de sa mort.

J'ajouterai que Joseph Vernet fut un artiste essentielle-

[1] « Du dit jour (Lundy, 14 Aoust, 1758) a esté baptisé Antoyne-Charles-Horace, fils légitime de Sieur Joseph Vernet, peintre du Roy, et de delle Virginie Parker, parroisse St-Rémy.

« Parrein Sr Louis François Vernet, frère du baptisé; marreine : delle Anne Rose Lombelli. Né ce matin à une heure.

» (Signé au registre) Vernet père; Louis Vernet. »

(Archives municipales de Bordeaux, série 66. Paroisse Saint-André, reg. 100, acte 745.)

Je dois ces deux curieux renseignements à l'obligeance de M. Ernest Rousselot, l'érudit sous-archiviste de la ville de Bordeaux.

ment heureux, car il jouit de son vivant de l'admiration du public et mourut dans toute sa gloire.

On ne peut s'empêcher, en regardant au Musée de la Marine, au Louvre, les deux tableaux du port de Bordeaux, d'amèrement regretter que la tradition n'ait pas conservé jusqu'à nos jours les noms des principaux personnages que l'on remarque dans ces belles toiles; plusieurs sont certainement les portraits de gens avec lesquels l'artiste a vécu ou a eu des rapports plus ou moins intimes pendant les deux années qu'il habita notre ville et que les Bordelais de la seconde moitié du XVIII$^{e}$ siècle ont pu longtemps nommer.

Léon Lagrange, le fidèle historiographe de Vernet, qui a eu en mains à Avignon le livre de raison de ce peintre, en était, il y a cinquante ans, aux conjectures. Qu'oser affirmer aujourd'hui, après un siècle et demi?

C'est grand dommage, je ne saurais assez le répéter, que ces vieux souvenirs soient perdus, et ce n'est pas seulement à Bordeaux; à Marseille, il en est de même; un exemple : dans le tableau de l'entrée du port de cette ville, le gentilhomme qui, placé derrière le peintre, examine, à l'aide de son binocle, l'étude de Vernet, n'est pas le père de la belle Virginia sa femme, le chevalier Parker, comme le dit M. Lagrange, mais M. de Barigue de Fontainieu (1).

(1) M. de Barigue de Fontainieu commanda à Vernet pour sa galerie, entre autres tableaux : le *Château Saint-Ange* et le *Ponte roto*, qui figurèrent à l'Exposition de Marseille en 1861, cent ans plus tard, avec leur certificat d'origine, comme appartenant alors à un collectionneur marseillais, M. Paul Autran.

M. de Barigue de Fontainieu avait un fils qui, en 1786, était lieutenant de vaisseau du Roy, et qui devint, après la Révolution française, un peintre distingué; c'est du fils de celui-ci, M. Adolphe de Barigue de Fontainieu, né en 1803 à Marseille et mort à Villenave-d'Ornon, près Bordeaux, en 1879, que je tiens ce détail. M. Adolphe de Barigue de Fontainieu, élève de Granet, son compatriote, a été, lui aussi, un peintre de talent; il peignait surtout les intérieurs; on voit à la mairie de Bordeaux, dans le cabinet de l'Archiviste, le *Cloître de Saint-André de Bordeaux*, grande étude à la sépia, véritable document de ce curieux monument disparu.

*La Tempête*, le seul tableau de Joseph Vernet que possède le Musée de Bordeaux, vient de la galerie de Fontainieu, de Marseille.

honoraire de l'Académie de Marseille, amateur d'art et collectionneur distingué, qui reçut Vernet à son retour d'Italie dans son bel hôtel de la place Noailles.

Oui, les traditions se perdent ou s'égarent, et qu'on prenne garde qu'il n'en soit pas ainsi bientôt pour une des plus précieuses toiles de notre musée : La *Vue du Port de Bordeaux*, de Pierre Lacour, — ils ne sont pas légion ceux qui peuvent encore, en les désignant, nommer l'ingénieur Combes et sa fille, les deux Lacour dessinant, le courtier de navires André Ferrière, avec son chapeau à cornes en bataille et sa rose à la boutonnière, Languigneux, etc., etc., qu'on remarque dans cette belle composition, d'un si grand intérêt pour les Bordelais, de notre habile et ancien confrère, ne l'oublions pas, ne l'oublions pas, car, comme dit Musset :

Tout s'en va comme la fumée !

Avril 1908.

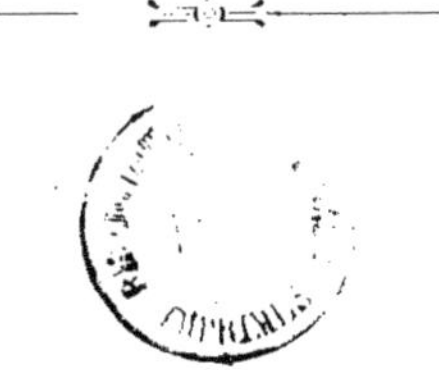

# LISTE DES PRINCIPAUX GRAVEURS

## DE L'ŒUVRE DE JOSEPH VERNET

Ils sont nombreux; d'abord deux femmes :

Anne COULET.
COUSINET, f^mme Lempereur.

J.-J. AVRIL.
BERTRAND.
VECROTTES.
DAUDET.
BYRNE (W.).
Jacques ALLIAMET.
J. OUVRIÉ.
AUBE.
BASAN.
COURTY.
LONGUEIL.
BERARDI.
LE GOUAZ.
CATHELIN.
DE MARCÈRE.
PARBOUY.
MAILLET.
GUYOT.
LAMEAU.
DEVILLERS.
HEMANN.
FORTIER.
MARCHONET.
N. COCHIN fils } *les Ports.*
Philippe LE BAS }
FLIPPARD.
BELLE.
PALMUCCI.
MASQUELLIER.
WOOLTETT.
HOLMAN.
CHARPENTIER.
CHÉREAU.
NICOLET.
DE FLUMEL.
N. DUFOUR.
BALECHOU, le célèbre graveur de la *Tempête*, des *Baigneuses* et du *Calme*.

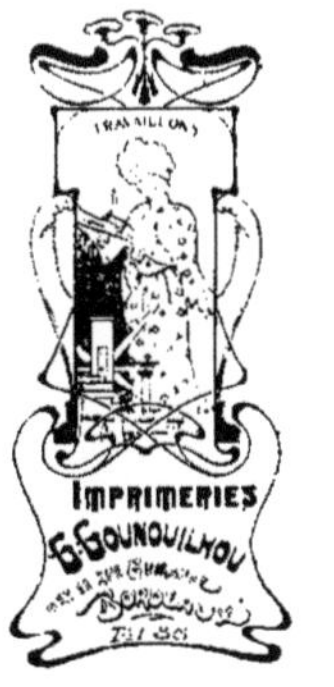


XXV DÉCEMBRE MDCCCCVIII

*Extrait des Actes de l'Académie nationale des Sciences, Belles-Lettres et Arts de Bordeaux.*

www.ingramcontent.com/pod-product-compliance
Ingram Content Group UK Ltd.
Pitfield, Milton Keynes, MK11 3LW, UK
UKHW020542180726
13839UKWH00006B/2671